Karl Zemanek
Haftungsformen im Völkerrecht

Schriftenreihe
der
Juristischen Gesellschaft zu Berlin

Heft 102

W
DE
G

1986
Walter de Gruyter · Berlin · New York

Haftungsformen im Völkerrecht

Von
Karl Zemanek

Vortrag
gehalten vor der
Juristischen Gesellschaft zu Berlin
am 21. Mai 1986

WdeG

1986

Walter de Gruyter · Berlin · New York

Dr. iur. Karl Zemanek
Professor für Völkerrecht und Internationale Beziehungen, Wien

CIP-Kurztitelaufnahme der Deutschen Bibliothek

Zemanek, Karl:
Haftungsformen im Völkerrecht : Vortrag, gehalten vor
d. Jur. Ges. zu Berlin am 21. Mai 1986 /
von Karl Zemanek. –
Berlin; New York : de Gruyter, 1986.
(Schriftenreihe der Juristischen Gesellschaft zu
Berlin ; H. 102)
ISBN 3 11 011135 7

NE: Juristische Gesellschaft 〈Berlin, West〉: Schriftenreihe der Juristischen Gesellschaft e. V. Berlin

A. Die Entwicklung des völkerrechtlichen Haftungsrechts

1. Bis zum 2. Weltkrieg

Verglichen mit dem übrigen Völkerrecht überrascht im Bereich des Haftungsrechts die Fülle der Internationalen Judikatur[1]. Doch diese Fülle täuscht: Die meisten Entscheidungen stammen aus der Zeit vor dem 2. Weltkrieg und von bilateralen Schiedsgerichten, sind somit Ausdruck der damals herrschenden Verhältnisse. Sie betreffen fast ausschließlich die völkerrechtswidrige Behandlung von Ausländern, in der Person von Staatsangehörigen damaliger Großmächte, die ihr Ansehen wahren wollten und die schwächeren Rechtsverletzer zu dem Verfahren veranlassen konnten. Diese Situation wirkte auch in die Verfahren selbst hinein: Die Schiedsrichter stammten größtenteils aus Europa oder Nordamerika oder hatten ihre juristische Ausbildung dort erhalten. Da das völkerrechtliche Haftungsrecht noch schwach entwickelt war und der Ergänzung aus Allgemeinen Rechtsgrundsätzen bedurfte, übertrugen diese Schiedsrichter ihre Wertvorstellungen, die gleichzeitig der Interessenlage der damals beherrschenden westlichen Staaten entsprachen, in das Völkerrecht. Die aus dieser Zeit stammende Rechtsprechung ist daher sowohl sachlich eng begrenzt als auch durch die Interessen der sogenannten zivilisierten Staaten gefärbt.

Die Machtverhältnisse beeinflußten aber auch jene Haftungsfragen, die aus den direkten Beziehungen zwischen den Staaten entstanden und meist auf diplomatischem Weg geregelt wurden. Denn handelte es sich um eine Völkerrechtsverletzung durch einen schwächeren, möglicherweise sogar außereuropäischen Staat, so hatten die Folgen einer Völkerrechtsverletzung oft einen ausdrücklichen Strafcharakter, der in demütigenden Genugtuungsformen seinen Ausdruck fand. Gegenüber Gleichen hingegen beruhte die Verfolgung völkerrechtlicher Ansprüche, so wie heute

---

[1] Eine Übersicht enthalten die beiden vom Sekretariat der Vereinten Nationen vorbereiteten Dokumente: "Digest of the decisions of international tribunals relating to State responsibility", A/CN.4/169, Yearbook of the ILC (künftig Yearbook) 1964, vol. II; und "Supplement to the Digest of the decisions of international tribunals relating to State responsibility", A/CN.4/208, Yearbook 1969, vol. II.

allgemein, auf politischer Konvenienz, d. h. aber auf einer Abwägung im Rahmen der zwischen den beiden Staaten bestehenden allgemeinen Beziehungen. Selbst in diesem Bereich ist also die aus der Fülle der damaligen einzelstaatlichen diplomatischen Aktionen zu ermittelnde Staatenpraxis nicht so uniform, daß sie über einen relativ engen Kernbereich hinaus eine von den jeweils gegebenen Umständen abstrahierende Aussage zum Bestand eines auch heute *allgemein* geltenden Gewohnheitsrechts zuließe.

2. Nach dem 2. Weltkrieg

(a) Die Veränderung der Internationalen Beziehungen

Nun sind seit dem 2. Weltkrieg viele Änderungen in den Internationalen Beziehungen eingetreten, von denen hier nur jene, die den Gegenstand unmittelbar betreffen, genannt werden sollen:

Ins Auge springt die quantitative Veränderung der Staatengesellschaft als Folge der Entkolonisierung. Sie hätte aber kaum zu einer qualitativen Veränderung geführt, hätten nicht die weltweiten Foren politischer Meinungsbildung *und Beschwerde* bestanden, die den neuen Staaten die Artikulation ihrer Vorwürfe gegen andere auf der Weltbühne ermöglichten. Mit anderen Worten: Was sich bisher hinter den Kulissen abspielte und nur Eingeweihten oder wenigen Forschern bekannt war, spielt sich jetzt auf dem Marktplatz ab und das bewirkt eine echte Qualitätsveränderung, weil Regierungen – nicht nur in demokratischen Ländern, obwohl dort besonders – unter den Druck der von den Massenmedien beeinflußten öffentlichen Meinung kommen und über die Reaktion auf Völkerrechtsverletzungen nicht mehr nach bloßer Staatsräson entscheiden können.

Eine zweite wesentliche Veränderung wurde und wird noch immer durch die in wachsendem Maße alles umfassende Interdependenz der Staaten bewirkt. So veranlaßten sozio-ökonomische oder strategische Zwänge viele Staaten zu neuen Tätigkeiten, die von anderen Staaten als gefährlich und riskant betrachtet werden, weil ihre Folgen, insbesondere bei Unfällen, nicht auf das Staatsgebiet der Verursacher beschränkt werden können. Ich nenne Ihnen als Beispiele die Weltraumaktivitäten, vor allem aber die militärische und friedliche Nutzung der Atomenergie. Fast gleichzeitig hat ein gesteigertes Umweltbewußtsein zum Widerstand gegen strukturelle Beeinträchtigungen der Lebensqualitäten geführt und damit die Frage nach grenzüberschreitendem und internationalem (großräumigen) Umweltschutz gestellt. Damit wurde das Völkerrecht zum ersten Mal mit *nicht-deliktischen* Haftungsfragen konfrontiert.

b) Die normative Reaktion auf diese Veränderungen

Die Generalversammlung der Vereinten Nationen, als das für die Weiterentwicklung und Kodifikation des Völkerrechts in erster Linie verantwortliche Organ, reagierte auf die durch die Veränderung der internationalen Beziehungen noch unsicherer gewordene Rechtslage im Bereich der Staatenverantwortlichkeit, indem sie die Völkerrechtskommission (ILC), die gewöhnlich die Kodifikationsentwürfe erarbeitet, 1953 mit dem Studium des völkerrechtlichen Deliktsrechts beauftragte. Aus Gründen, die in diesem Zusammenhang nicht von Interesse sind, ist diese Arbeit noch nicht abgeschlossen; sie ist aber doch so weit fortgeschritten[2], daß sie in den folgenden Betrachtungen vorläufig beurteilt werden kann.

Auf die Herausforderung neuer, riskanter Aktivitäten reagierte die Staatengesellschaft zunächst punktuell, mit Spezialabkommen, wie dem „Wiener Übereinkommen über die zivile Haftung für nukleare Schäden" (1963)[3] oder dem „Übereinkommen über die Haftung für Schäden durch Weltraumgegenstände" (1972)[4].

Im Gefolge des gesteigerten internationalen Umweltbewußtseins begann aber eine umfassendere Auseinandersetzung. Einschlägiges Völkerrecht ist, trotz eines auf besonderen Umständen beruhenden internationalen Schiedsurteils im *Trail Smelter Fall* (USA vs. Canada, 1938 und 1941)[5], auf das ich noch zu sprechen kommen werde, praktisch nicht vorhanden. Vorerst trachtete man, die Rechtsentwicklung über bewußtseinsbildende Resolutionen, wie die Grundsätze 21 und 22 der „Deklaration der Konferenz der Vereinten Nationen über die Menschliche Umwelt" (1972)[6] oder Artikel 30 der „Charter der wirtschaftlichen Rechte und Pflichten der Staaten" (1974)[7] in Gang zu bringen. Andererseits begann schon 1969 in der Völkerrechtskommission eine Diskussion darüber, ob die Kodifikation der Staatenverantwortlichkeit nicht auf eine allgemeine Haftung der Staaten hin erweitert werden sollte. Obwohl die Kommission vorerst gegenteilig entschied, beauftragte die Generalversammlung sie 1973, die Haftung für alle Tätigkeiten, die durch das Völkerrecht nicht verboten sind, in einem gesonderten Verfahren zu

---

[2] Der in erster Lesung angenommene Erste Teil des Entwurfs (Artikel 1–35) ist im Bericht der ILC über ihre 32. Tagung (A/35/10), Yearbook 1980, vol. II abgedruckt. Über die weitere Arbeit informieren die darauffolgenden Berichte der ILC und des Spezialberichterstatters Riphagen im Yearbook.

[3] IAEA Legal Series No. 4, p. 3 und UN Juridical Yearbook 1963, 151.

[4] Res. der GV der VN 2777 (XXVI) Annex.

[5] Reports of International Arbitral Awards III, 1905–1982.

[6] ILM XI (1972), 1416.

[7] Res. der GV der VN 3281 (XXIX).

studieren. Diese Arbeit ist infolge von Schwierigkeiten, die später zu erörtern sein werden, noch nicht weit fortgeschritten[8].

B. Haftungsgründe

1. Dogmatische Vorbemerkungen

Nach diesem kurzen Überblick über die Problematik und über den Stand der Rechtsentwicklung möchte ich mich den *Haftungsgründen* zuwenden, muß dazu aber einige dogmatische Vorbemerkungen machen.

Gemessen an den ihnen vertrauten staatlichen Rechtsordnungen ist das Völkerrecht nicht ausdifferenziert, d. h. es kennt Verfassungs-, Verwaltungs-, Straf- oder Zivilrecht weder als eigene Materien noch als eigene wissenschaftliche Disziplinen. Das bedeutet beispielsweise im Deliktsrecht, daß es keine Unterscheidung zwischen zivil- und strafrechtlichen Folgen einer Rechtsverletzung gibt und die typisch völkerrechtlichen Folgen der Wiedergutmachung und Genugtuung beide Funktionen, wenn auch in unterschiedlichen Proportionen, kumulieren. Erst der gegenwärtig laufende Kodifizierungsversuch der ILC unternimmt eine – vorderhand noch sehr umstrittene – Kategorisierung von Pflichten gegenüber der Staatengemeinschaft als solcher, die er als „international crimes" bezeichnet und mit besonderen Folgen – in deren Festlegung liegt die Schwierigkeit des Unterfangens[9] – belegen will.

Ebenso ist im traditionellen Völkerrecht die Unterscheidung zwischen materiellem und immateriellem Schaden sehr unscharf, was im Deliktsrecht problematisch ist – etwa bei der Ausübung des diplomatischen Schutzrechts, wie ich Ihnen später zeigen werde – sich im Risikorecht aber als außerordentlich hinderlich erweist.

Die Gründe für diesen schwachen Entwicklungsgrad liegen einerseits im auf der Souveränität der Staaten aufbauenden Konzept des Völkerrechts, das mit Strafe schwer zu vereinbaren ist, aber auch einem Individualrechtsschutz im Wege steht; sie liegen vor allem aber in den doch recht unterschiedlichen Regelungen dieser Fragen in den einzelnen staatlichen Rechtsordnungen, die eine Einigung auf eine einheitliche internationale Regelung erschweren. Diese Probleme werden uns im folgenden laufend begegnen.

---

[8] Auskunft geben der 5. (und letzte) Bericht des Spezialberichterstatters Quentin-Baxter (A/CN.4/383), Yearbook 1984, vol. II und der Bericht der ILC über ihre 36. Tagung (A/39/10), ebenda.

[9] Artikel 14 Abs. 2 des Riphagen-Entwurfes; in seinem 2. Bericht (A/CN.4/344, paras. 100–104), Yearbook 1981, vol. II. Vgl. dazu K. Marek: Criminalizing State Responsibility, RBDI 14 (1978–79), 460–485 und R. L. Bindschedler: Völkerrechtliche Verantwortlichkeit als Verbrechen, Mélanges Perrin (1984), 51–61.

2. Die völkerrechtliche Deliktshaftung

Doch zurück zu den Haftungsgründen. Wie schon gesagt, gibt es nach völkerrechtlichem Gewohnheitsrecht nur eine Haftung aus Delikten, die sogenannte völkerrechtliche Verantwortlichkeit. Sie tritt ein als Folge einer Rechtsverletzung. Entsprechend dem aus dem Charakter des Völkerrechts als Koordinationsrecht entwickelten Prinzip der Relativität der völkerrechtlichen Rechte und Pflichten muß es sich dabei um die Verletzung eines *subjektiven* Rechts eines anderen Staates, also einer gegenüber diesem auf Grund des Gewohnheits- oder Vertragsrechts konkret bestehenden Verpflichtung handeln, da – ich wiederhole das nochmals – das traditionelle Recht Pflichten gegenüber der Staatengemeinschaft als solcher nicht kennt.

Nach Ansicht der Völkerrechtskommission gibt es drei Arten subjektiver völkerrechtlicher Verpflichtungen[10]:

(a) Die Verpflichtung zu einem bestimmten Verhalten. In diesem Fall bestimmt die Norm nicht nur das Ziel, sondern auch den Weg. Diese Verpflichtung ist typisch für das unmittelbar zwischen*staatliche* Verhalten.

(b) Die Verpflichtung, mit Mitteln eigener Wahl ein bestimmtes Ergebnis herbeizuführen. Bei dieser für die Sicherung der Rechtsstellung von Individuen, besonders auch Ausländern, typischen Verpflichtung führt ein fehlerhaftes Mittel nicht notwendigerweise zur Staatenverantwortlichkeit, sofern das verlangte Ergebnis, beispielsweise durch die völkerrechtskonforme Interpretation eines an sich mangelhaften Gesetzes, dennoch erzielt wird. Daher wird in diesem Zusammenhang auch die Erschöpfung des innerstaatlichen Rechtsweges vor der Geltendmachung völkerrechtlicher Ansprüche verlangt.

(c) Die Verpflichtung, mit Mitteln eigener Wahl den Eintritt eines bestimmten Ereignisses zu verhindern. Typische Beispiele sind etwa der Schutz von Diplomaten und Ausländern oder die Verhinderungspflichten eines Neutralen.

Erst mit den Bestimmungen über die kollektive Sicherheit in der Satzung der Vereinten Nationen und, später, mit der Einführung der Kategorie eines zwingenden Völkerrechts (ius cogens) in die Wiener Vertragsrechtskonvention von 1969 sind Ansätze zu Pflichten entstanden, die der Gemeinschaft als Ganzer geschuldet werden. Die heute noch vorhandenen Zweifel an der praktischen Bedeutung von ius cogens betreffen nicht das Konzept an sich, das mit Ausnahme von Frankreich

---

[10] Artikel 20, 21 und 23 des Entwurfs der ILC (Anm. 2).

allgemein bejaht wird, sondern die Zuordnung materieller Normen zu dieser Kategorie. Da die völkerrechtlichen Rechtserzeugungsverfahren keine Möglichkeit zur Bezeichnung besonderer Normenkategorien bieten, ist die Zuordnung nur von den Wertvorstellungen des Beurteilers aus möglich. Nachdem in der pluralistischen internationalen Gesellschaft diese Wertvorstellungen stark differieren, ergibt sich letzten Endes nur ein kleiner gemeinsamer Deckungsbereich, sozusagen ein Minimalkonsensus über ius cogens. Das zeigte sich schon auf der Wiener Vertragsrechtskonferenz, in der der Versuch, einen Katalog der ius cogens bildenden Normen zu erstellen[11], am Widerstand der Mehrheit scheiterte. Der Konstruktion und der mit ihr verbundenen Kategorisierung von „international crimes" kommt daher in der Praxis mehr zukünftige als aktuelle Bedeutung zu.

Ein weiteres Problem ergibt sich daraus, daß der Eintritt der Staatenverantwortlichkeit von der Verletzung des subjektiven völkerrechtlichen Rechts eines anderen *Staates* abhängt. Diese als Mediatisierung des Menschen bezeichnete, auf einen Schweizer Völkerrechtslehrer des 18. Jahrhunderts, Emer de Vattel, zurückgehende Konstruktion des Völkerrechts, ist bisher systematisch nur regional, im Bereich der Menschenrechte und global, aufgrund besonderer Vereinbarungen, beim Investitionsschutz durchbrochen worden. Daß bei einer völkerrechtswidrigen materiellen Schädigung eines Staatsangehörigen im Ausland der verletzte Staat dennoch die Wiedergutmachung *materiellen* Schadens verlangt, obwohl ihm selbst durch die Verletzung seines Anspruches auf völkerrechtsgemäße Behandlung seiner Staatsangehörigen nur ein *immaterieller* Schaden entstanden ist, gehört zu den nicht seltenen Widersprüchen zwischen Dogma und Sachzwang.

Das bringt uns zur Frage des Schadens überhaupt. Schon in der Rechtsprechung vor dem Kodifizierungsunternehmen der ILC wurde die Rechtsverletzung selbst als immaterielle Schädigung angesehen. Da in diesem Verständnis Rechtsverletzung und Schaden notwendigerweise miteinander verbunden sind, hat die ILC konsequenterweise den Schaden als selbständige Bedingung für den Eintritt der Staatenverantwortlichkeit eliminiert: Sie bestimmt vereinfacht, daß die zurechenbare Verletzung des subjektiven völkerrechtlichen Rechts eines anderen Staates den Eintritt der Staatenverantwortlichkeit bewirke[12]. Das bedeutet nun nicht, daß dem Schaden innerhalb der Staatenverantwortlichkeit keine Relevanz zukäme, aber diese liegt in der Bestimmung der Art der Wiedergutmachung und,

---

[11] Auf Grund eines Sub-amendments des Vereinigten Königreiches (A/CONF.39/C.1/L.312), das wegen Aussichtslosigkeit zurückgezogen wurde.

[12] Artikel 16 des Entwurfs der ILC (Anm. 2).

bei materiellem Schaden, in der Bemessung der Entschädigung. Denn eine materielle Entschädigung immateriellen Schadens findet im Völkerrecht nicht statt, obwohl sie in der Form sogenannter „punitive damages" gelegentlich gefordert wurde; die befaßten Schiedsgerichte haben sie stets abgelehnt[13].

Einen Sonderfall der Staatenverantwortlichkeit stellen Vertragsverletzungen dar. Um die Gründe dafür vorstellen zu können, muß ich einige Bemerkungen über das dem Entwurf der ILC zugrunde liegende Verständnis der Staatenverantwortlichkeit vorausschicken. Die Völkerrechtskommission geht von der Auffassung aus, daß die materiellen Normen des Völkerrechts Primärnormen sind, deren Verletzung ein System von Sekundärnormen, eben die der Staatenverantwortlichkeit, zur Anwendung bringt[14]. Sie verhalten sich daher etwa wie materielles Recht und Verfahrensrecht zueinander. Die Primärnormen ihrerseits sind oft in Subsystemen, etwa in kodifikatorischen Verträgen, zusammengefaßt – wie das Seerecht oder das Diplomatenrecht, die gewöhnlich eigene Vorschriften über Gegenmaßnahmen gegen eine Rechtsverletzung enthalten, so etwa das Diplomatenrecht in der Form der Erklärung zur Persona non grata oder des Abbruches der diplomatischen Beziehungen. Die sekundären Normen der Staatenverantwortlichkeit kommen nur zur Anwendung, wenn Gegenmaßnahmen nicht zielführend sind, weil nicht der Schutz gegenüber der Vertragsverletzung gesucht wird, sondern die Normeinhaltung durch den Verletzer.

Das völkerrechtliche Vertragsrecht ist ein solches Subsystem von Primärnormen und kennt als eigentümliche Folgen der Vertragsverletzung die Suspension oder die Beendigung des Vertrages. Gleichzeitig – und das ist der zweite Grund, warum Vertragsverletzungen einen Sonderfall darstellen – sind die völkerrechtlichen Verträge häufig rechtsetzender Art, d. h. Instrumente zur Erzeugung abstrakter Verhaltensnormen, weshalb die Vertragspartner bei einer Verletzung dieser Verhaltensnormen kein Interesse an deren zeitweiligen oder endgültigen Untergang durch Suspension oder Beendigung des Vertrages haben, sondern nur ein Interesse an der Beendigung der *konkreten Verletzung* und an der Wiedergutmachung des durch diese entstandenen Schadens. *Diese* Folgen sind aber Gegenstand der sekundären Normen der Staatenverantwortlichkeit.

---

[13] Beispielsweise Lusitania-Fall (Deutschland-USA, Gemischte Schiedskommission, 1923), Reports of International Arbitral Awards VII, 39–40.

[14] Vgl. J. Combacau & D. Alland: "Primary" and "Secondary" Rules in the Law of State Responsibility: Categorizing International Obligations, NethYBIL 16 (1985), 81–109.

3. Die Haftung für völkerrechtlich nicht verbotene Tätigkeiten

Ein völlig anderes Kapitel stellt die Haftung für völkerrechtlich nicht verbotene Tätigkeiten dar. Wie in unseren nationalen Rechtsordnungen liegt der Grund für diese Haftung *nicht* in einer Rechtsverletzung. Es geht vielmehr um einen gerechten Interessenausgleich: Wenn die Tätigkeit einerseits gefährlich oder riskant ist, d. h. dauernde Beeinträchtigung oder schädigende Unfälle nicht auszuschließen sind, sie aber andererseits aus gesamtwirtschaftlichen, gesellschaftlichen oder politisch/strategischen Gründen notwendig ist und daher realistischerweise nicht verboten werden kann, muß die für Unbeteiligte entstehende Gefahr dadurch ausgeglichen werden, daß jeder durch sie entstehende Schaden wiedergutzumachen ist. Die Rechtsverletzung spielt hier, ja kann hier gar keine Rolle spielen.

Die völkerrechtlichen Sonderabkommen zur Regelung der Haftung für einzelne riskante internationale Tätigkeiten konnten daher nicht an die Staatenverantwortlichkeit anknüpfen. Die Natur der Sache zwang zum Rückgriff auf Lösungsmodelle der staatlichen Rechtsordnungen und damit zur Übernahme der dort für gefährliche Tätigkeiten üblicherweise vorgesehenen absoluten Risikohaftung (Haftpflicht). Die Aufnahme dieser Lösung in Sonderabkommen stellte insofern kein Problem, als die Sonderabkommen eine besondere Rechtsgrundlage zwischen den Parteien bilden und daher einen neuen Haftungsgrund schaffen konnten.

Schwierigkeiten entstanden erst, als die Völkerrechtskommission versuchte, ein *allgemeines Recht* der Haftung für völkerrechtlich nicht verbotene Tätigkeiten zu kodifizieren. Denn kodifizieren heißt zu allererst: Erfassen des Bestehenden. Es war also eine völkerrechtliche Norm nachzuweisen, die eine derartige Haftung vorschreibt.

Da wegen der Neuheit des Bewußtseins der Bestand einer diesbezüglichen Norm des allgemeinen völkerrechtlichen Gewohnheitsrechts von vornherein nicht angenommen werden konnte, versuchte man es mit einem Rückgriff auf die Allgemeinen Rechtsgrundsätze. Das Sekretariat der Vereinten Nationen wurde mit einer diesbezüglichen Studie beauftragt. Doch dieser "Survey of State Practice Relevant to International Liability for Injurious Consequences Arising out of Acts not Prohibited by International Law" (1984)[15] erwies erst recht die Komplexität der Situation.

Der in Common Law-Rechtsordnungen dem Satz „sic utere tuo ut alienum non laedas" gegebene Inhalt eines absoluten und objektiven Schädigungsverbotes kann keinen Anspruch auf „Allgemeinheit" erhe-

---

[15] UN Dokument ST/LEG/15.

ben. Wohl aber erklärt er den Urteilstenor des Schiedsspruches im Trail Smelter Fall: "No State has the right to use or to permit the use of its territory in such a manner as to cause injury … in or to the territory of another or to the property or persons therein"[16], der ja zwischen zwei Common Law Ländern, den USA und Kanada, erging. Gleichzeitig läßt er die Grenzen der Anwendungsmöglichkeiten dieses Schiedsspruches erkennen. Denn die in der erwähnten Studie erwiesene Schwierigkeit liegt darin, daß in anderen Rechtsordnungen, die den Satz grundsätzlich auch verwirklichen, eine Haftpflicht nur bei schuldhaftem Verhalten entsteht.

Halten wir also fest: In den Common Law-Rechtsordnungen wird der Satz in der Weise verstanden, daß für jede Schadenszufügung, bloß aus diesem Faktum heraus, gehaftet wird; es wird also ein absoluter Haftungsgrund mit der objektiven Haftungsform der Erfolgshaftung verbunden. Dies ist in vielen anderen Rechtsordnungen nicht der Fall: Wo diese den absoluten Haftungsgrund gelten lassen, verbinden sie ihn meist mit der Haftungsform des Verschuldens und nur ausnahmsweise mit einer Erfolgshaftung. Ich komme auf diese Frage später noch eingehend zu sprechen.

Vorerst aber zurück zum Haftungsgrund. Da sich die Allgemeinheit eines Rechtsgrundsatzes, der eine Haftung für völkerrechtlich erlaubte Tätigkeiten vorschreibt, nicht nachweisen ließ, haben einige Theoretiker[17] versucht, den Weg über das Deliktsrecht zu gehen und legten folgende Überlegung vor: Da es Pflicht des Staates sei, eine von seinem Territorium ausgehende Schädigung fremder Staaten zu verhindern, läge in Wahrheit die Verletzung einer völkerrechtlichen Verhinderungspflicht, also ein Unterlassungsdelikt vor. Diese Überlegung ist in zweifacher Weise fehlerhaft. Einmal, weil sie axiomatisch die Geltung eines allgemeinen Verhinderungsgebotes postuliert, ohne es nachgewiesen zu haben. Im Sinne des eben Festgestellten könnte die Überlegung nur dann Platz greifen, wenn eine konkrete Völkerrechtsnorm eine bestimmte Tätigkeit verbietet, nicht aber gegenüber völkerrechtlich grundsätzlich erlaubten Tätigkeiten. Zum zweiten aber übersieht die Überlegung, daß die zwei Haftungsgründe, Delikt und Risiko oder Gefährdung, verschiedene Folgen nach sich ziehen. Aus einem völkerrechtlichen Delikt entsteht der Anspruch auf Einstellung des deliktischen Verhaltens. Das ist aber nicht der Zweck der Risiko- oder Gefährdungshaftung: nicht die Tätigkeit soll beendet werden – der ursprüngliche Grund, sie zu tolerieren, ist durch den Schaden ja

---

[16] AaO (Anm. 5), 1965.
[17] Z. B. D. Levy: La responsabilité pour omission et la responsabilité pour risque en droit international public, RGDIP 65 (1961), 744–764.

nicht weggefallen – sondern der durch sie angerichtete Schaden soll wiedergutgemacht werden. Die Konstruktion ist also als Lösung für eine allgemeine Haftung ungeeignet.

Aus all dem muß insgesamt der Schluß gezogen werden, daß eine allgemeine Risikohaftung für völkerrechtlich nicht verbotene Tätigkeiten im gegenwärtig geltenden, allgemeinen Völkerrecht keine Grundlage hat. Eine solche müßte vielmehr erst vertraglich geschaffen werden. Der Kodifikationsversuch der Völkerrechtskommission ist somit in Wahrheit kein solcher, sondern eine Vorbereitung zur Erzeugung neuen Rechts.

C. Haftungsformen

1. Die Übernahme des Verschuldensprinzips in das traditionelle Völkerrecht

Ich möchte mich nun den Haftungsformen zuwenden und darf auch hier wieder einige dogmatische und terminologische Bemerkungen vorausschicken.

Der Völkerrechtler und der Rechtsvergleicher sehen sich öfter mit dem Phänomen konfrontiert, daß Termini, die sich in mehreren Sprachen gleichen und von denen sie annehmen könnten, daß sie auch das Gleiche bedeuten, in Wahrheit einen verschiedenen Sinngehalt haben. Diese Schwäche eignet insbesondere der juristischen Terminologie, in der Ausdrücke römisch-rechtlichen oder kanonischen Ursprungs beibehalten werden, während die damit verknüpften Konzepte in den nationalen Rechtsordnungen eine verschiedene Entwicklung nehmen. Es ist daher notwendig, daß ich die von mir verwendeten Begriffe kläre.

Bei der vorhergehenden kurzen Besprechung der Haftungsgründe habe ich das Begriffspaar „Deliktshaftung" und „absolute Haftung" (Risiko-, Gefährdungshaftung, Haftpflicht) verwendet. Erstere ist die Folge der vorhergehenden Verletzung einer völkerrechtlichen Verpflichtung, letztere die Folge einer Beeinträchtigung oder Schädigung, die aus der grenzüberschreitenden Wirkung einer völkerrechtlich erlaubten Tätigkeit resultiert.

Zur Behandlung der Haftungsformen möchte ich ein weiteres Begriffspaar einführen: Die „Schuldhaftung" und die „Erfolgshaftung" (objektive Haftung). Das konstituierende Element der ersteren ist ein Verschulden der Person oder des Organs, dessen Verhalten die Haftung auslöst. Die letztere beruht ausschließlich auf der Kausalität, d. h. dem zwingenden Zusammenhang zwischen Ursache und Wirkung.

Leider wird der Ausdruck „Schuld", englisch „fault", französisch „faute", nicht in allen Rechtssystemen gleich angewendet. In einigen bedeutet er Pflichtverletzung und ist daher synonym mit Delikt. So wird in der amerikanischen Terminologie die „absolute Haftung" als „no-fault" oder „strict liability" bezeichnet. In anderen verlangt „Schuld" aber das Vorliegen einer bestimmten psychischen Einstellung bei der Begehung einer Rechtsverletzung, also einer Schuldform wie Vorsatz, grobe oder leichte Fahrlässigkeit. In diesem Sinn wird der Ausdruck auch von mir gebraucht.

Theoretisch lassen sich die beiden Begriffspaare der Haftungsgründe und der Haftungsformen beliebig kombinieren. Tatsächlich aber wählen praktisch alle Staaten für ihre Deliktshaftung das Verschuldensprinzip. Die dazu innerhalb der staatlichen Rechtsordnungen regelmäßig vorliegende Voraussetzung ist allerdings ein Verfahren, in dem das Vorliegen oder Nichtvorliegen der Schuld ermittelt werden kann. Das ist auch der Grund, weshalb die staatlichen Rechtsordnungen für die Risikohaftung meist die Form der Erfolgshaftung wählen, insbesondere dann, wenn die im Gegenstand befürchteten Unfälle und damit die die Haftung auslösenden Ereignisse ihrer Natur nach den Nachweis eines schuldhaften Verhaltens wenig erfolgversprechend erscheinen lassen.

Aus dem schon eingangs genannten Grund, nämlich der wesentlichen Rolle, die Allgemeine Rechtsgrundsätze bei der Entwicklung des traditionellen Rechts der Staatenverantwortlichkeit spielten, wurde das Verschuldensprinzip auch in das völkerrechtliche Deliktsrecht eingeführt, so wie das die Theorie schon seit Grotius vertreten hatte und zwar ohne Rücksicht darauf, daß die verfahrensrechtlichen Voraussetzungen dazu nicht gegeben waren. Das von Roberto Ago, gegenwärtig Richter am Internationalen Gerichtshof, 1939 verfaßte Standardwerk der Staatenverantwortlichkeit[18] ist dafür Zeugnis.

Erst nach dem 2. Weltkrieg, nachdem die Hoffnung auf eine allgemeine und zwingende Internationale Gerichtsbarkeit, jedenfalls mittelfristig, aufgegeben werden mußte, begann sich die Theorie zu ändern und immer mehr wurde von ihr und danach auch in der Staatenpraxis der Standpunkt vertreten, daß die Staaten hinsichtlich ihres deliktischen *Handelns* für den Erfolg hafteten. Hingegen wurde bezüglich des *Unterlassens* das Schuldelement nach wie vor beibehalten. Da es sich dabei um Sorgfaltspflichten handelt, d. h. um die zur Vermeidung eines bestimmten Ereignisses aufzuwendende Sorgfalt, ist das subjektive Verschulden von untergeordneter Bedeutung – und damit auch das Vorhandensein eines institutionellen Verfahrens zu seiner Feststellung –, weil es durch die Einhaltung eines

---

[18] Le délit international, Paris 1939, 84.

objektiven Standards, eines „Jedermann"-Verhaltens, im Völkerrecht „internationaler Standard" genannt, ersetzt wird[19].

2. Der Übergang zur Erfolgshaftung in den Entwürfen der ILC

a) Deliktshaftung

Dennoch ist die Völkerrechtskommission in ihrem Entwurf zur Kodifizierung des Rechts der Staatenverantwortlichkeit auch für Unterlassungsdelikte zur Erfolgshaftung übergegangen. Das ist um so bemerkenswerter, als der Spezialberichterstatter des Gegenstandes in der ILC eben jener Roberto Ago war, der 1939 noch insgesamt das Verschuldensprinzip verteidigt hatte.

Die Völkerrechtskommission hat damit aber einige neue Probleme geschaffen. Unterwirft man nämlich die Sorgfaltspflichten dem reinen Kausalitätsprinzip, so stellen sich im Völkerrecht einige Fragen. Nehmen Sie einen typischen Fall: Artikel 22 Abs. 2 der Wiener Diplomatenkonvention von 1961 verpflichtet den Empfangsstaat, „alle geeigneten Maßnahmen zu treffen, um die Räumlichkeiten der Mission vor jedem Eindringen und jeder Beschädigung zu schützen und um zu verhindern, daß der Friede der Mission gestört oder ihre Würde beeinträchtigt wird." Nehmen Sie an, der Empfangsstaat erfährt von einer beabsichtigten Demonstration vor einer ausländischen Botschaft. Er schützt diese durch ein Polizeiaufgebot, das aber nicht verhindern kann, daß am Missionsgebäude Schäden entstehen. Hätte er hingegen 10 000 Mann seiner Armee aufgeboten, so hätte allein deren Zahl ausgereicht, die Demonstranten nicht so weit an das Missionsgebäude herankommen zu lassen, daß sie es beschädigen konnten. „Geeignet" wäre diese Maßnahme wohl gewesen, aber war sie dem Empfangsstaat auch zumutbar?

Die ILC entgegnet auf diesen Einwand, daß das Ausmaß der zu erfüllenden Pflicht von der „Primärnorm" zu bestimmen und nicht Sache der „sekundären" Normen der Staatenverantwortlichkeit sei. Aber es ist offensichtlich, daß das auf den dargestellten Fall nicht zutrifft, da die Primärnorm von „allen geeigneten Maßnahmen" spricht und keine Zumutbarkeitsgrenze festlegt. Das Problem entsteht vorwiegend dadurch, daß die Redakteure früher kodifizierter völkerrechtlicher Bestimmungen die Gesinnungsänderungen der Völkerrechtskommission nicht erahnten und auf die Anwendung des „internationalen Standards"

---

[19] Vgl. die diesbezüglichen Aussagen in Verdross/Simma: Universelles Völkerrecht, 1. Aufl., Berlin 1976, 615–617 und die Überlegungen zum Entwurf der ILC in der 3. Auflage, Berlin 1984, § 1267 (852–854).

bei der Beurteilung im Rahmen der Staatenverantwortlichkeit vertrauten, in ihren Formulierungen daher keine Zumutbarkeitsgrenze festlegten.

Die ILC versuchte nun, dem von ihr geschaffenen Problem auf andere Weise beizukommen, geriet damit allerdings in neue dogmatische Schwierigkeiten.

Üblicherweise enthält jedes Haftungsrecht Ausnahmen in der Gestalt von Gründen, die die Rechtswidrigkeit des Verhaltens oder die Schuld ausschließen. Der dogmatische Unterschied zwischen beiden liegt darin, daß die Rechtfertigungsgründe es objektiv verunmöglichen, sich rechtmäßig zu verhalten, wie etwa im Fall Höherer Gewalt, und deshalb vollständig von der Haftung befreien. Schuldausschließungsgründe hingegen sind solche, die es subjektiv unzumutbar erscheinen lassen, sich rechtmäßig zu verhalten, etwa im Notstand; sie schließen zwar die strafrechtlichen Folgen, nicht notwendigerweise aber auch die zivilrechtlichen aus.

Abgesehen davon, daß, wie früher dargelegt, dem Völkerrecht die Unterscheidung von Straf- und Zivilrecht unbekannt ist, schließt die von der Völkerrechtskommission als alleinige Haftungsform für Delikte angenommene Erfolgshaftung, da sie ein Verschulden nicht verlangt, *theoretisch* auch die Schuldausschließungsgründe aus. Die ILC mußte aber Kompromisse eingehen, um ihr starres Konzept mit der Realität der Staatenpraxis einigermaßen in Übereinstimmung zu bringen. Sie bezeichnet in ihrem Entwurf zwar alle Ausnahmen von der Haftung als Gründe, die die Rechtswidrigkeit ausschließen, führt unter dieser Bezeichnung aber auch solche an, die im innerstaatlichen Recht als Schuldausschließungsgründe gelten, wie den Notstand des eine Völkerrechtsverletzung verursachenden Staatsorgans oder den Staatsnotstand[20].

Sie ist in der Aufweichung des Konzepts sogar noch einen Schritt weitergegangen. Durch die Formulierung des „Zufalls" als eines „unvorhergesehenen äußeren Ereignisses jenseits der Kontrolle des verletzenden Staates ... welches es dem Staat unmöglich macht zu erkennen, daß sein Verhalten nicht rechtskonform ist"[21] hat sie in Wahrheit, wenn auch durch die Hintertür, den „Internationalen Standard" als Maßstab für die Erfüllung von Sorgfaltspflichten wieder eingeführt. Denn wie könnte man bestimmen, wann ein Ereignis „unvorhersehbar" ist oder wann es dem Staat „unmöglich ist zu erkennen, daß sein Verhalten nicht rechtskonform ist", ohne sich am „Internationalen Standard" zu orientieren? Das heißt im Klartext doch schlicht: Wenn ein Staat gemäß seinem Wissensstand über ein möglicherweise zu erwartendes Ereignis, das er nach Völkerrecht

---

[20] Artikel 32 und 33 des Entwurfs der ILC (Anm. 2).
[21] Artikel 31 des Entwurfs der ILC (ebenda).

zu verhindern verpflichtet ist, die international allgemein üblichen Vorkehrungen zu dessen Verhinderung trifft und die Mittel dann auch in international üblicher Weise einsetzt, so trifft ihn keine Verantwortlichkeit, wenn das Ereignis dennoch eintritt.

Vollends verwirrt wird das Konzept aber dann noch dadurch, daß die Völkerrechtskommission analog dem innerstaatlichen Recht eine Bestimmung aufgenommen hat, nach der „der Ausschluß der Rechtswidrigkeit die Frage einer allfälligen Entschädigung des angerichteten Schadens nicht präjudiziere"[22]. Die ILC begründet diese Bestimmung zwar damit, daß sie eine allfällige Haftung für völkerrechtlich nicht verbotene Tätigkeiten nicht beeinträchtigen wolle, aber unglücklicherweise geht das aus dem Text nicht hervor. Der kann auch so verstanden werden, als fände er gleichfalls auf Delikte Anwendung. Dort macht er aber keinen Sinn: Da das Völkerrecht keine Strafe kennt, sondern nur die Wiedergutmachung, die bei materiellen Schäden aus einer Entschädigung besteht, so ist die Wirkung der Bestimmung die, daß Entschädigung zu leisten ist, auch wenn die Rechtswidrigkeit ausgeschlossen ist. Dann stellt sich allerdings die Frage, was der Haftungsgrund ist; denn die innerstaatliche Figur: Vorliegen der Rechtswidrigkeit aber Ausschluß der Schuld ist in dieser Konstruktion nicht unterzubringen.

b) Haftung für völkerrechtlich nicht verbotene Tätigkeiten

Die Entscheidung über die Form der Haftung für völkerrechtlich nicht verbotene Tätigkeiten sah sich vorerst keinen derartigen Schwierigkeiten gegenüber. Nahezu übereinstimmende innerstaatliche Lösungen wiesen beim Abschluß der Spezialabkommen über die Haftung für Schäden aus der friedlichen Nutzung der Atomenergie oder aus der Erforschung und friedlichen Nutzung des Weltraums sozusagen automatisch in Richtung Erfolgshaftung. Die Gründe für diese Nahezu-Uniformität wurden schon früher erörtert.

Diese Gründe veranlaßten auch die Völkerrechtskommission, ihren Entwurf für eine Konvention über die allgemeine Haftung für völkerrechtlich nicht verbotene Tätigkeiten auf der Erfolgshaftung aufzubauen. Im Gegensatz zu der Kodifikation des Deliktsrechts, ist dieser Entwurf aber noch nicht so weit gediehen, daß Einzelheiten der vorgesehenen Lösung beurteilt werden könnten. Wohl aber liegen von seiten des inzwischen leider verstorbenen Spezialberichterstatters Quentin-Baxter

---

[22] Artikel 35 des Entwurfs der ILC (ebenda).

Vorschläge für zwei Grundsatzentscheidungen[23] vor, die die Probleme, vor denen der Entwurf steht, deutlich machen:

Ein Vorschlag geht dahin, die Haftungssumme zu begrenzen. Solche Grenzen sind schon aus den Abkommen über die Haftung für verschiedene friedliche Nutzungen der Atomenergie bekannt und sollen entweder die private Versicherbarkeit des Risikos oder die subsidiäre Haftung des Staates für die konzessionierte Tätigkeit Privater ermöglichen. Sie stehen allerdings in Widerspruch zu dem der Risikohaftung zugrundeliegenden Schutz der Allgemeinheit vor schädlichen Folgen der Tätigkeit einiger weniger, der den Ersatz des vollen Schadens und nicht nur eines Teils verlangt. Andererseits muß zugegeben werden, daß bei einer entsprechend hohen Haftungsgrenze die Frage nur von geringer Praxisrelevanz ist, weil die Haftungsgrenze überschreitende Großschäden marginale Wahrscheinlichkeit haben.

Nach dem zweiten Vorschlag sollen Umstände, die die Haftung erhöhen oder vermindern oder auch ganz ausschließen könnten, in Betracht gezogen werden. Dieser Vorschlag ist nun ganz und gar systemwidrig: Da es sich um eine absolute Risiko- oder Gefährdungshaftung handelt, die keine Rechtsverletzung voraussetzt, können Gründe, die die Rechtswidrigkeit ausschließen, nicht in Frage kommen. Die Erfolgshaftung, als nicht vom Verschulden ausgehende Haftungsform, macht aber auch Schuldausschließungsgründe unanwendbar. Eine Rechtfertigung für „Milderungsgründe" kann also nur in dem Bestreben gefunden werden, sich von der Realität des Staatenverhaltens nicht zu weit zu entfernen.

Diese Diskrepanz zwischen dem abstrakt angestrebten Normierungsziel und dem praktisch erreichbaren hat mehrere Ursachen. Grundsätzlich hinderlich ist die sicherlich geringe Neigung der Staaten, neue internationale Pflichten zu übernehmen, insbesondere dann, wenn ihre Auswirkungen nicht völlig überschaubar sind. Diese Unüberschaubarkeit wird im gegenständlichen Fall noch durch die unsaubere Zusammenfassung unterschiedlicher Tatbestände in dem einen Begriff der Haftung für völkerrechtlich nicht verbotene Tätigkeiten gefördert. In Wahrheit haben wir es nämlich mit zumindest zwei grundverschiedenen Situationen zu tun, die sowohl dogmatisch eine verschiedene Behandlung erfordern als auch von den Staaten praktisch verschieden behandelt werden.

Da ist einmal die echt riskante Tätigkeit, wie die zur Nutzung des Weltraums oder der Atomenergie. Solange sie normal verläuft, beeinträchtigt sie die Allgemeinheit und damit andere Staaten nicht. Bloß dem

---

[23] Im Planentwurf seines 3. Berichts (A/CN.4/360, para. 53, section 7), Yearbook 1983, vol. II.

nicht auszuschließenden Unfall soll mit der Haftung begegnet werden. Diese ist also die Risikoprämie, die der Allgemeinheit – den anderen Staaten – für die Zulässigkeit der riskanten Tätigkeit zu leisten ist. Sinngemäß kann diese Haftung nur eine absolute und objektive, also eine Haftung ohne Ausnahme sein.

Der Entwurf der Völkerrechtskommission erfaßt aber auch eine ganz anders gelagerte Situation, die ich der Einfachheit halber als grenzüberschreitenden und großräumigen (internationalen) Umweltschutz bezeichne. Hier liegt nur bedingt eine riskante Tätigkeit vor. Bestimmte industriell-gewerbliche Tätigkeiten, aber selbst das Autofahren oder das Heizen von Wohnungen, die zu Immissionen auf fremdem Staatsgebiet führen, verursachen schon an sich Beeinträchtigungen in fremden Staaten, werden von diesen aber geduldet, weil auch sie sie bewirken. Die Duldung geht jedoch nur bis zu einer Obergrenze, die aus einer Mischung von technisch Möglichem und ökonomisch Zumutbarem gebildet wird. In dieser Situation hat die Haftung *zwei* Funktionen: Sie soll, wie im ersten Fall, das Risiko eines Unglücks, d. h. einer zufällig die Obergrenze übersteigenden Emission, decken. Sie soll aber *auch*, und das ist ganz wesentlich, die Beeinträchtigungen aus dem Normalbetrieb decken, wenn aus ihnen ein meßbarer Schaden in einem anderen (Nachbar)Staat entsteht. Diesfalls handelt es sich daher um eine Gefährdungshaftung und nur bei einem Unglück auch um eine Risikohaftung. Bei der Gefährdungshaftung kann man sich aber nun in der Tat vorstellen, daß subjektive Gründe, wie der Nicht-Zugang zu bestimmten Technologien oder die betriebswirtschaftliche Unmöglichkeit einschlägiger Investitionen eine allfällig zu leistende Entschädigung mindern könnten.

3. Pluralität der Haftungssubjekte

Lassen Sie mich abschließend noch kurz etwas zu den Formen sagen, in denen das Völkerrecht mit einer Pluralität von Haftungssubjekten fertig zu werden versucht. Dazu ist festzuhalten, daß die Situation in der Praxis nicht häufig vorkommt und nur für die Nutzung des Weltraums als einigermaßen typisch gelten kann. Dort ist sie in der Form der Solidarhaftung geregelt, selbst wenn der Anteil der Beteiligten an der Schädigung ein verschiedener ist, wie etwa durch die Bereitstellung von Startrampen oder von Trägerraketen oder durch die Durchführung des Startes selbst[24]. Im Völkerrecht ist diese Lösung nur für in Geld zu leistende Entschädigungen möglich. Geht es um eine Wiedergutmachung in der Form der

---

[24] Artikel I(c), IV und V des Weltraumhaftungsabkommens (Anm. 4).

Naturalrestitution oder um die Beendigung einer Rechtsverletzung durch Nachholen völkerrechtlich gebotener, bisher aber versäumter innerstaatlicher Rechtsakte, oder geht es um Genugtuung – in jedem dieser Fälle kommt nur die Verfolgung des Anspruchs gegenüber jedem einzelnen der beteiligten Staaten in Frage, da er im Regelfall allein über das entsprechende Rechtsgut verfügt. Ist die Rechtsverletzung oder Schädigung allerdings im Zusammenwirken geschehen, wie beispielsweise beim völkerrechtswidrigen Entzug eines einem Dritten Staat in einem multilateralen Vertrag gewährten Rechts durch die Parteien des Vertrages, so ist von einer Haftung zur gesamten Hand auszugehen, da die Schädiger auch nur gemeinsam die rechtskonforme Situation herstellen oder wiederherstellen können.

D. Schlußbemerkungen

Ich darf nun am Ende zusammenfassen: Das Völkerrecht sieht sich im Bereich des Haftungsrechts der Notwendigkeit einer Neuorientierung gegenüber, doch verursachen die gleichen Umstände, die diese Neuorientierung verlangen, eine dogmatische Unsicherheit, die die Bewältigung der Neuorientierung erschwert. Dabei ist gerade im Haftungsrecht für völkerrechtlich nicht verbotene Tätigkeiten die Dringlichkeit des Regelungsbedarfes nicht zu übersehen. Aber anscheinend sind die Interessengegensätze in der erweiterten, durch die Interdependenz aber gleichzeitig auch intensiver gewordenen Staatengemeinschaft zu groß, die Wertvorstellungen zu disparat, um eine rasche Verarbeitung gewachsener nationaler Lösungen zu sinnvollen internationalen Regeln in einem Rechtserzeugungsprozeß zu erwarten, dessen Umständlichkeit notorisch ist. Wir werden daher noch länger mit dem unbefriedigenden Zustand der Unsicherheit leben müssen.